Meike Fehlinger

Zur Vater-Sohn-Beziehung in Kafkas Werk anh
und dem „Brief an den Vater"

Meike Fehlinger

Zur Vater-Sohn-Beziehung in Kafkas Werk anhand der Erzählung „Das Urteil" und dem „Brief an den Vater"

GRIN Verlag

Bibliografische Information Der Deutschen Bibliothek: Die Deutsche
Bibliothek verzeichnet diese Publikation in der Deutschen Nationalbibliografie;
detaillierte bibliografische Daten sind im Internet über http://dnb.ddb.de/
abrufbar.

1. Auflage 2008
Copyright © 2008 GRIN Verlag
http://www.grin.com/
Druck und Bindung: Books on Demand GmbH, Norderstedt Germany
ISBN 978-3-640-30375-5

Zur Vater-Sohn-Beziehung in Kafkas Werk

anhand der Erzählung „Das Urteil" und dem „Brief an den Vater"

Inhaltsverzeichnis

1.) Einleitung

....S.2

2.) Analyse der Texte „Brief an den Vater" S.2
und „Das Urteil"

2.1.) „Brief an den Vater" S.3

2.2.) „Das Urteil" S.9

3.) Interpretation S.12

3.1.) Der Vater-Sohn-Konflikt S.12

3.2.) Der Prozesscharakter S.13

3.3.) Fazit S.14

4.) Literaturverzeichnis S.15

1.) Einleitung

Franz Kafka gilt als einer der bekanntesten Autoren des Expressionismus' und als eine „Ikone der Moderne"[1], die zahlreiche Literaten inspiriert und eine umfangreiche literaturwissenschaftliche Kafka-Forschung angeregt hat. Kafkas literarisches Werk zeichnet sich neben der Darstellung des Grotesken und der Anwendung eines auktorialen Schreibstils dadurch aus, dass es in besonderer Weise von seiner Lebens- und Erfahrungswelt geprägt ist.[2] So ist der Rahmen, in denen Kafka seine grotesken Erzählungen einbettet, meist ein Spiegelbild seiner sozialen und insbesondere seiner familiären Situation. Dieser Annahme soll in der folgenden Arbeit nachgegangen werden, wobei hierzu zwei Texte hinsichtlich ihres biografischen Gehalts untersucht werden, nämlich die 1913 veröffentlichte Erzählung „Das Urteil" sowie der 1919 verfasste „Brief an den Vater". Während es sich bei dem „Urteil" eindeutig um einen fiktiven Text handelt, dessen Inhalt deutlich Kafkas Hang zum Grotesken erkennen lässt, erweist sich die Einordnung des „Briefs" als schwierig. Der „Brief an den Vater" ist weder ein rein fiktives noch ein rein autobiografisches Zeugnis, vielmehr weist er beide Elemente auf – hierzu später mehr. Fest steht, dass beide Texte als besondere Zeugnisse von Kafkas Lebens- und Erfahrungswelt angesehen werden können und daher für die Analyse ausgewählt wurden.

Im Folgenden werden zunächst Inhalt und Form beider Texte einzeln vorgestellt, um sie dann miteinander zu vergleichen und biografisch zu interpretieren.

Die Interpretation der Texte soll dabei der Leitfrage folgen: Welche biografischen Elemente weisen beide Texte auf bzw. wie werden biografische Elemente in der Literatur verarbeitet?

2.) Analyse der Texte „Brief an den Vater" und „Das Urteil"

Obwohl „Das Urteil" mehrere Jahre vor dem „Brief an den Vater" verfasst wurde, soll im Folgenden zunächst der „Brief" vorgestellt werden, da dieser eine Fülle an biografischen Details und damit einen umfassenden Einblick in das Leben Kafkas

---

[1] *Literaturen. Das Journal für Bücher und Themen*, Doppelheft: Januar/Februar 2003, S.1.
[2] Reiner Stach, *Kafka. Jahre der Entscheidungen*, Frankfurt/Main 2002, S.217.

liefert. Daher kann der „Brief" – mit Einschränkungen – als eine Art biografisches Dokument verstanden werden, auf dessen Grundlage die Interpretation der fiktiven Texte Kafkas, hier „Das Urteil", durchgeführt werden kann.

2.1) „Brief an den Vater"

Zur Entstehung

Der 1919 verfasste und von Max Brod 1952 veröffentlichte „Brief an den Vater" wird meist den autobiografischen Schriften Kafkas zugeordnet, zu denen eine umfangreiche Sammlung an Briefen sowie Tagebucheinträge zählen. Eine solche Zuordnung kann jedoch durchaus kritisch betrachtet werden und soll in dem Kapitel zur Form des „Briefes" erörtert werden. Kafka verfasste den „Brief an den Vater" im November 1919 in der nördlich von Prag gelegenen Kleinstadt Schelesen – dort war Kafka schon zuvor gewesen, um sich von seiner 1917 ausgebrochenen Lungentuberkulose zu erholen. Dem Aufenthalt in Schelesen im November 1919 ging eine Verschlechterung seines Gesundheitszustandes sowie das Scheitern der für Anfang November geplanten Hochzeit mit Julie Wohryzek voraus: Die von Kafkas Vater abgelehnte Heirat (die Braut stammte aus der untersten sozialen Schicht) kam nicht zustande, da das Paar keine Wohnung finden konnte.[3] Das erneute Scheitern einer geplanten Hochzeit wird oftmals als der eigentliche Anlass für das Verfassen des „Briefes an den Vater" [4] angesehen.

Inhalt

Den unmittelbaren Anlass für das Verfassen des „Briefes" erfährt der Leser bereits zu Beginn der Ausführungen: es ist die vom Vater an den Sohn gestellte Frage, warum dieser behaupte, er hätte „Furcht" vor dem Vater (B, S.7)[5]. Der „Brief" stellt in diesem Sinne den Versuch einer schriftlichen Antwort auf die vom Vater gestellte Frage dar, wobei für den Schreiber klar ist, dass ein derartiger Begründungsversuch unvollständig bleiben muss,

---

[3] Michael Müller, *Zur Entstehung des Textes*, in Franz Kafka, *Brief an den Vater*, Hrsg. und komm. von Michael Müller, Stuttgart 1995, S. 63-66, S.63.

[4] Schlingmann., S.152; vgl. Pelster, S.46.

[5] Im Folgenden werden die Literaturnachweise, die sich auf Franz Kafka, *Brief an den Vater*, Hrsg. und komm. von Michael Müller, Stuttgart 1995 beziehen, mit B abgekürzt.

„(...) weil auch im Schreiben die Furcht und ihre Folgen mich Dir gegenüber behindern und weil die Größe des Stoffs über mein Gedächtnis und meinen Verstand weit hinausgeht." (ebd.)

Zunächst schildert Kafka die Ausgangssituation aus der Sicht des Vaters, der sein „ganzes Leben lang schwer gearbeitet" (ebd.) hat und so den Kindern ein sorgloses Leben ermöglichte. Seinen Kindern und insbesondere dem erstgeborenen Sohn Franz werfe er hingegen vor, ein Leben in „Saus und Braus" (ebd.) zu führen und beschuldigt ihn der „Kälte, Fremdheit, Undankbarkeit" (S.8). Die Schuld an der Entfremdung zwischen Vater und Sohn liegt dabei, aus Sicht des Vaters, allein beim Sohn, der sich seit jeher vor ihm verkrochen habe, in sein „Zimmer, zu Büchern, zu verrückten Freunden, zu überspannten Ideen" (S.7).

Der väterlichen Ansicht der Vater-Sohn-Beziehung folgt die Einschätzung der Lage durch den Schreiber. Die Schuldzuweisung durch den Vater schwächt er ab, indem er zwar anerkennt, dass der Vater völlig schuldlos ist, jedoch hervorbringt, dass auch er „gänzlich schuldlos" sei (S.8). In der Perspektive des Sohnes erscheinen sowohl der Vater als auch er selber als Mitverursacher der vorherrschenden Situation der Entfremdung; die Frage der Schuld wird durch die Frage nach Ursache und Wirkung abgelöst. So folgert der Autor, dass die Beziehung zwischen Vater und Sohn aus deren physischer und psychischer Verschiedenheit abgeleitet werden muss: Dem Vater, „ein wirklicher Kafka an Stärke, Gesundheit, Appetit, Stimmkraft, Redebegabung, Selbstzufriedenheit, Weltüberlegenheit (...)", steht ein „schwächlicher, ängstlicher, zögernder, unruhiger Mensch" (S.9) entgegen. Die Absicht des Vaters entgegen der im Sohn vorhandenen Anlagen, „einen kräftigen mutigen Jungen" (S.10) aufzuziehen, war fehlgeschlagen.

Die väterlichen Erziehungsmittel und deren Wirkung schildert der Autor anhand einiger Kindheitserinnerungen. In den Erinnerungen erscheint der Vater als ein „riesiger Mann" und als „die letzte Instanz", dem der junge Franz Kafka hilflos ausgeliefert war und der bei ihm das „Gefühl der Nichtigkeit" (S.11) hervorrief. Dieses Gefühl der Nichtigkeit hat also seinen Ursprung in den Kindheitserfahrungen des Autors und beherrschte ihn seitdem. Anstelle einer Aufmunterung erfuhr der junge Franz Unterlegenheit und Schwäche: Sowohl die „bloße Körperlichkeit" (S.12) als auch die „geistige Oberherrschaft" (S.13) des Vaters erdrückten ihn. Der Vater verkörpert hier das Erscheinungsbild eines Tyrannen, der nur die eigene Position und keine Widerrede duldete (S.13).

Des Vaters Wort war für den Sohn „geradezu Himmelsgebot" (S.15), jedoch stand das Verhalten des Vaters zu seinen Vorgaben und Regeln in scharfem Kontrast, da er sich selbst nicht an die dem Sohn auferlegten Gebote hielt. Dies war eine erdrückende und enttäuschende Erfahrung, nach welcher sich der Autor selbst als „Sklave" empfand, der unter Gesetzen lebte, die nur für ihn erfunden waren und denen (er) niemals völlig entsprechen konnte" (S.16). Mit dem Gefühl der naturgegebenen Unterlegenheit geht das der „Schande" einher:

„Ich war immerfort in Schande, entweder befolgte ich Deine Befehle, daß war Schande, denn sie galten ja nur für mich; oder ich war trotzig, daß war auch Schande, denn wie durfte ich Dir gegenüber trotzig sein, oder ich konnte nicht folgen, weil ich zum Beispiel nicht Deine Kraft, nicht Deinen Appetit, nicht Deine Geschicklichkeit hatte, trotzdem Du es als etwas Selbstverständliches von mir verlangtest; das war allerdings die größte Schande." (S.16f.)

Als eine weitere Folge der väterlichen Erziehung nennt Kafka das eigene Schweigen; er „verlernte das Reden" und schwieg, „zuerst vielleicht aus Trotz, dann weil ich vor Dir weder denken noch reden konnte" (S.18). Warum die Erziehung durch den Vater fehlschlug (der Vater empfände das Ergebnis seiner Erziehung wohl als „peinlich") begründet der Autor mit ihrer natürlichen Verschiedenheit (S.19). Der Vermutung des Vaters, der Sohn würde ihm gegenüber eine grundsätzlich ablehnende Haltung einnehmen, widerspricht der Autor mit dem Verweis auf die persönlichen Unterschiede: „(…) und alles schien Dir wieder ‚contra' zu sein, während es nur selbstverständliche Folge Deiner Stärke und meiner Schwäche war" (ebd.). Zum Ausdruck kommt dieses ungleiche, aber aufeinander bezogene Verhältnis auch darin, dass der Vater dem Sohn stets dessen Misserfolge und das eigene Scheitern vorhielt. Zu dem Gefühl der Schwäche tritt das der „Wertlosigkeit" (S.20). Stetes Drohen durch den Vater bewirkte zudem, dass der Sohn abstumpfte: „Man wurde ein mürrisches, unaufmerksames, ungehorsames Kind, immer auf eine Flucht, meist eine innere, bedacht" (S.21).

Glückliche Momente erlebte der Schreiber, in Situationen, in denen der Vater Schwäche zeigte. In solchen Momenten kamen „Liebe und Güte" (S.22) zum Vorschein, die sonst meist im Verborgenen blieben. Solche „freundlichen Eindrücke" (S.23) vom Vater haben bei dem Sohn jedoch „nichts anderes erzielt, als mein

Schuldbewußtsein vergrößert und die Welt mir noch unverständlicher gemacht" (ebd.).

Das Gefühl der Schuld gegenüber dem Vater beherrschte den Autor auch noch in zunehmendem Alter: „Seit jeher machtest du mir zum Vorwurf (...), daß ich dank Deiner Arbeit ohne alle Entbehrungen in Ruhe, Wärme, Fülle lebte" (S.25). So hielt der Vater mit der Schilderung seiner eigenen Leistungen den Kindern insbesondere dem Sohn Versagen vor; er könne nichts anderes als „bettlerhaft dankbar" sein und nur in „Beschämung, Müdigkeit, Schwäche, Schuldbewußtsein" (S.27) annehmen, was der Vater ihm gab.

Das Ergebnis der so erfahrenen Erziehung durch den Vater war, „daß ich alles floh, was nur von der Ferne an Dich erinnerte" (ebd.). Dazu gehörte das väterliche Geschäft, in dem der Vater aus der Sicht des Schreibers als tyrannischer Herrscher auftrat. Neben dem Geschäft floh Kafka auch vor der Familie, „selbst vor der Mutter" (S.29). Sein „Familiensinn" (S.35) kehrte sich dahingehend um, dass er umso näher Personen dem Vater standen, desto größerern Abstand suchte. Einen weiteren Versuch, unabhängig zu werden, stellt laut Autor die verstärkte Besinnung auf das Judentum dar:

„Hier wäre ja an sich Rettung denkbar gewesen, aber noch mehr, es wäre denkbar gewesen, daß wir uns beide im Judentum gefunden hätten, oder daß wir gar von dort einig ausgegangen wären." (S.37)

Jedoch kommt Kafka zu dem Schluss, dass seine Beschäftigung mit der Religion dazu führte, dass dem Vater „das Judentum abscheulich" wurde, wobei der Sohn den „Ekel" (S.41) des Vaters so versteht, dass er sich nicht eigentlich gegen das Judentum, sondern vielmehr gegen seine eigene Person richtet.

Eine derartige grundsätzliche Abneigung und Ablehnung durch den Vater widerfährt dem Sohn auch bezüglich des Schreibens. Zwar konnte sich der Autor auf diesem Wege ein wenig vom Vater lösen, „ein Stück selbstständig" (ebd.) werden, eine vollständige Unabhängigkeit vom Vater war jedoch nicht möglich. Kafka vergleicht die durch das Schreiben erreichte Eigenständigkeit mit der eines Wurms, „der, hinten von einem Fuß niedergetreten, sich mit dem Vorderteil losreißt und zur Seite schleppt" (ebd.). Der Bezug auf den als übermächtig empfundenen Vater bleibt insofern stets bestehen, als der Vater Gegenstand und Auslöser des Schreibens ist (S.42).

In der Wahl seines Berufes ließ der Vater dem Sohn zwar alle Freiheiten, allerdings war Kafka seiner eigenen Einschätzung zufolge bereits zu diesem Zeitpunkt nicht mehr in der Lage, mit dieser Freiheit umzugehen. Er fühlte sich da, wo er lebte, „verworfen, abgeurteilt, niedergekämpft" und nicht in der Lage „zu flüchten", deshalb traute er sich erst gar nicht zu, „einen wirklichen Beruf erreichen zu können" (S.44). Den „großartigsten und hoffnungsreichsten Rettungsversuch" (S.46) sah der Autor in dem Versuch, zu heiraten und eine Familie zu gründen. Das Vorhaben misslang jedoch, da die negativen Folgen der Erziehung, nämlich „Schwäche, Mangel an Selbstvertrauen, Schuldbewusstsein" (ebd.) die positiven übertrafen. Die Heirat als „Bürgschaft für die schärfste Selbstbefreiung und Unabhängigkeit" (S.53) blieb für den Schreiber ein unerfüllbarer Traum.

Rückschließend vermerkt der Autor, dass ihm nur „im Schreiben (...) kleine Selbstständigkeitsversuche, Fluchtversuche mit allerkleinstem Erfolg" (S.55) gelungen sind. Ansonsten bewertet er sich selbst als abhängig von dem ihm überlegenen und alles bestimmenden Vater:

> „Manchmal stelle ich mir die Erdkarte ausgespannt und Dich quer über sie ausgestreckt vor. Und es ist mir dann, als kämen für mein Leben nur die Gegenden in Betracht, die Du entweder nicht bedeckst oder die nicht in Deiner Reichweite liegen. Und das sind entsprechend der Vorstellung, die ich von Deiner Größe habe, nicht viele und nicht sehr trostreiche Gegenden (...)." (S.54)

Am Ende des Briefes nimmt der Schreiber die Sicht des Vaters auf die ihm vorgeworfenen Behauptungen und Begründungsversuche ein, indem er mögliche Antworten und Gegenargumente im Sinne eines Antwortbriefes des Vaters vorbringt. Der Vater könnte den Brief des Sohnes als trickreich, als „Kampf des Ungeziefers" (S.57) entlarven sowie zeigen, dass der Sohn sich vom Vater tatsächlich „körperlich und geistig (...) durchs Leben schleifen" (S.58) lässt.

Mit der Hoffnung, dass Beschreibung und Analyse des Verhältnisses zwischen Vater und Sohn erreicht, „daß es uns beiden ein wenig beruhigen und Leben und Sterben leichter machen kann" (S.59), endet der „Brief an den Vater". Ohne Gruß und Schlussformel unterschreibt der Sohn mit seinem Vornamen, Franz.

Form

Bei dem „Brief an den Vater" handelt es sich um die Textsorte des Briefes. Einige Elemente des „Briefs", wie die direkte Anrede des Adressaten, die Ortsangabe „Schelesen" sowie die Unterschrift „Franz", weisen auf den Charakter eines Privatbriefes hin. Allerdings fehlen auch wesentliche Charakteristika eines Privatbriefes, so beispielsweise zum Briefende die Grüße an den Adressaten. Wie bereits erwähnt, gilt die Zuordnung des „Briefes" innerhalb der Kafka-Forschung als umstritten. Es stellt sich hier die Frage, ob es sich bei dem „Brief an den Vater" um ein unverfälschtes autobiografisches oder eher um ein als fiktiv einzuordnendes Dokument handelt. Zwar geht die Forschung davon aus, dass der „Brief" ursprünglich als Privatbrief bestimmt war, der dem Vater, Hermann Kafka, auch tatsächlich zugestellt werden sollte. Jedoch erreichte der „Brief" den Vater nie und zudem deuten einige Elemente des „Briefes" auf die Entaktualisierung und Literarisierung familiärer Konfliktlinien hin.[6] Eine Entaktualisierung lässt sich insbesondere für die Darstellung des Vater-Sohn-Konfliktes feststellen, einem Thema, das im Expressionismus eine vielfältige Bearbeitung fand.[7] In diesem Sinne kann der „Brief an den Vater" als ein Beispiel expressionistischer, antipatriarchaler Literatur verstanden werden.[8] Des weiteren weist der „Brief an den Vater" ausgeprägte Tendenzen zur Literarisierung auf, die z.b. in dem kunstvoll ausgeführten Wechsel der Perspektive insbesondere in der hypothetischen Gegenrede des Vaters zum Ausdruck kommen.[9] Auch Kafka selbst erhebt in einem Brief an Milena Jesenská den Einwurf, dass man sich aus dem Text nicht wirklich ein Bild von ihm selbst machen könne, denn er sei „doch zu sehr auf sein Ziel hin konstruiert."[10] Dieses Ziel stellt dabei die Überwindung der Entfremdung von Vater und Sohn dar. Diese Annahmen begründen die

Zweideutigkeit des „Briefes", welche darauf zurück zu führen ist, dass er dem Leser sowohl als autobiografisches als auch als fiktionales Zeugnis entgegentritt. Mit Carsten Schlingmann kann der „Brief an den Vater" auch als autobiografischer Essay verstanden werden:

---

[6] Theodor Pelster, Lektüreschlüssel. Franz Kafka. Brief an den Vater. Das Urteil, Stuttgart 2008, S.47.

[7] Hartmut Binder, *Motiv und Gestaltung bei Franz Kafka*, Bonn 1966, S.134.

[8] ebd., S.48.

[9] Michael Müller, Nachwort, in Franz Kafka, *Brief an den Vater*, Hrsg. und komm. von Michael Müller, Stuttgart 1995, S.103-108, S.103.

[10] Franz Kafka, *Briefe an Milena*, Erw. und neu geordnete Ausg. Von Jürgen Born und Michael Müller, Frankfurt/Main 1983, S.75.

„Der *Brief an den Vater* hatte unter Kafkas Hand das Format eines Privatbriefes gesprengt und die literarische Qualität eines autobiographischen Essays bekommen."[11] Zum weiteren Verständnis des Aufbaus des „Briefes" ist eine Aussage von Kafka selbst von Relevanz. Erneut teilt er in einem Brief an Milena Jesenská seine Beurteilung des „Briefs an den Vater" mit: „Morgen schicke ich Dir den Vater-Brief in die Wohnung (...). Und verstehe beim Lesen alle advokatorischen Kniffe, es ist ein Advokatenbrief."[12] Dementsprechend ist der „Brief an den Vater" in seiner äußeren Form dem Ablauf eines gerichtlichen Prozesses nachempfunden. So stellt sich der „Brief" dem Leser als eine Anklage- und Rechtfertigungsschrift dar, in der zunächst die Sachlage aus dem Blickwinkel zweier Parteien, der des Vaters und der des Sohnes, erörtert wird. Das „zusammenfassendes Urteil" (B, S.8) des Vaters gegen den Sohn möchte dieser revidieren bzw. er möchte eine Einigung bezüglich der Schuldfrage erreichen. So macht er dem Vater das Verhandlungsangebot, dass sie beide zwar schuldlos an der Lage seien, der Vater sie jedoch mit verursacht habe. In diesem Sinn stellt der „Brief" die Neuverhandlung der Sachlage „Entfremdung" dar, in der sich die vom Sohn aufgezählten Rechtfertigungen mit den väterlichen Vorwürfen abwechseln. Dieser Grundlage entsprechen der beständige Wechsel der Perspektiven zwischen dem Sohn bzw. Schreiber und zwischen dem Vater sowie das direkte Sprechen, mit dem der Schreiber die Person des Vaters zu vergegenwärtigen versucht. Weitere Darstellungsebenen des Vaters sind zum einen in der Zitierweise, in welcher der Sohn wörtlich die Reaktionen und Reden des Vaters wiedergibt, zum anderen die Beschreibung seiner Erscheinung. Zudem ist der „Brief" mit Rückgriffen in die Vergangenheit versehen, welche eine Erklärung für die gegenwärtige Situation liefern, und anhand derer der Sohn die familiären und gesellschaftlichen Bedingungen schildert, die den Vater und sein Verhalten bestimmen. Das Bild das so vom Vater entsteht ist jedoch sehr einseitig. Es kann vermutet werden, dass es sich hierbei um eine absichtliche Zuspitzung handelt. Das Moment der Zuspitzung begegnet dem Leser auch in der abschließenden Gegenrede und Verurteilung des Sohnes, die der Schreiber aus des Sicht des Vaters notiert. Der so vollzogene Perspektivenwechsel kann als der deutlichste der „advokatorischen Kniffe" verstanden werden.

---

[11] Carsten Schlingmann, *Literaturwissen. Franz Kafka*, Stuttgart 1995, S.156.
[12] Kafka, *Briefe an Milena*, S.85.

Abschließend kann festgehalten werden, dass es sich bei dem „Brief an den Vater"
um ein eindrückliches Dokument der Lebenswelt Kafkas handelt, das gleichzeitig
auch einen literarisch anspruchsvollen ‚Wiedergebrauchstext' darstellt, „in dem sich
ein Schreiber so ausdrückt, dass sich auch der nicht adressierte Leser angesprochen
und zur Teilnahme herausgefordert fühlt".[13]

2.2) „Das Urteil"

<u>Zur Entstehung</u>

Über die Entstehung der 1912 verfassten und 1913 in Max Brods Jahrbuch „Arkadia"
veröffentlichten Erzählung „Das Urteil" berichtet Kafka in einem Tagebucheintrag
vom 23. September 1912: „Diese Geschichte ‚Das Urteil' habe ich in der Nacht vom
22. bis 23. von zehn Uhr abends bis sechs Uhr früh in einem Zug geschrieben."[14]
Weiter vermerkt er zum Schaffensprozess des „Urteils": *„Nur so kann geschrieben
werden, nur in einem solchen Zusammenhang, mit solcher vollständigen Öffnung des
Leibes und der Seele."*[15] Dieser Aussage kann entnommen werden, dass Kafka
selbst mit der Erzählung äußerst zufrieden war und er sie zu diesem Zeitpunkt als
seine beste literarische Leistung einstufte.[16]

<u>Inhalt</u>

Die im Untertitel als „Geschichte" gekennzeichnete Erzählung „Das Urteil" beginnt mit
der Schilderung wie Georg Bendemann, „ein junger Kaufmann" (U, S.42)[17] über
seinen Jugendfreund nachdenkt, der in Petersburg lebt und dem er kurz zuvor einen
Brief geschrieben hat. Der Freund wird von Georg aufgrund seiner gesundheitlichen,
ökonomischen und sozialen Situation bedauert, wohingegen er sich selbst als
geschäftlich erfolgreich sowie als glücklich verlobt beschreibt. Aus Rücksicht auf den
Freund scheute sich Georg Bendemann bisher diesem von der erfolgreichen
Geschäftsführung und seiner bevorstehenden Hochzeit zu berichten; jedoch

---

[13] Pelster, S.6.
[14] Franz Kafka, *Dichter über ihre Dichtungen*, hrsg. von Erich Heller und Joachim Beug, München 1969, S.19.
[15] ebd.
[16] vgl. Herbert A. Frenzel und Elisabeth Frenzel, *Daten deutscher Dichtung. Chronologischer Abriß der deutschen Literaturgeschichte. Band 2: Vom Realismus bis zur Gegenwart*, München 1953, S.547.
[17] Im Folgenden werden die Literaturnachweise, die sich auf Franz Kafka, *Das Urteil und andere Prosa*, Hrsg. von Michael Müller, Stuttgart Reclam 1995 beziehen, mit U abgekürzt.

entschloß er sich schlussendlich doch dazu den Freund über seine Heirat zu informieren und tat dies am Ende seines soeben verfassten Briefes.

Mit dem Brief in der Hand verlässt Georg Bendemann nun sein „Privatzimmer" (S.42), um seinem Vater, mit dem er sich eine Wohnung teilt und in „gemeinsamer Wirtschaft" lebt (S.44), den Brief zu zeigen. Georg teilt dem Vater mit, dass er soeben seinem Freund in Petersburg einen Brief geschrieben hat, in dem er entgegen früherer Überlegungen seine Verlobung kundgetan habe. Der Vater reagiert scheinbar verwirrt und behauptet, der Sohn habe doch gar keinen Freund in Petersburg . Der Vater wird als alter Mann mit „zahnlosem Mund" sowie einer „Augenschwäche" (S.47) dargestellt. In diesem Sinne deutet Georg die Aussage des Vaters, den Freund nicht zu kennen, als Schwächeanfall. Der gebrechlich und geistig verwirrt wirkende Vater wird daraufhin von Georg zu Bett gebracht, beruhigt und zugedeckt.

Im nächsten Augenblick wirft der Vater energisch die Decke zurück und vollführt mit folgender Aussage eine Wendung des Geschehens: „Du wolltest mich zudecken, das weiß ich, mein Früchtchen, aber zugedeckt bin ich noch nicht" (S.51). Des weiteren macht er deutlich, dass er den Freund des Sohnes sehr wohl kenne und mit diesem sogar in regem Briefkontakt stehe. Georg wirft er vor, durch die geplante Hochzeit „unserer Mutter Andenken geschändet, den Freund verraten und deinen Vater ins Bett gesteckt" (S.52) zu haben. Von der Gebrechlichkeit des Vaters ist nichts mehr zu merken, vielmehr muss Georg erkennen, dass der Vater mit ihm „Komödie gespielt" (ebd.) hat. Der Vater ist in der aktuellen Einschätzung des Sohnes „noch immer der viel Stärkere" (S.53), da er sowohl mit der Mutter als auch mit dem Freund in Petersburg verbunden ist. Aus dieser Überlegenheit heraus droht der Vater, ihm seine einzige Verbündete, seine Braut, „von der Seite" (ebd.) wegzufegen. Der Vater beschuldigt seinen Sohn stets nur an sich gedacht zu haben und verurteilt ihn schließlich zum Tod:

> „Jetzt weißt du also, was es noch außer dir gab, bisher wußtest du nur
> von dir! Ein unschuldiges Kind warst du ja eigentlich, aber noch
> eigentlicher warst du ein teuflischer Mensch! – Und darum wisse: Ich
> verurteile dich jetzt zum Tode des Ertrinkens!" (S.54)

Nach diesen Worten läuft Georg tatsächlich aus dem Haus, während der Vater mit einem Schlag „aufs Bett stürzte" (S.55). Mit dem leise gesprochenen Satz „Liebe

Eltern, ich habe euch doch immer geliebt" lässt er sich von der gegenüberliegende Brücke in den Fluss „hinabfallen" (ebd.).

Form

Die Erzählung „Das Urteil" tritt dem Leser in einer räumlich und zeitlich in sich geschlossenen Form gegenüber: Die Geschichte beginnt „an einem Sonntagvormittag" (U, S.42), und läuft bis auf einige Rückblenden kontinuierlich sowie ohne Zeitsprünge ab und endet wenige Stunden später. Der Handlungsort ist die gemeinsame Wohnung von Sohn und Vater Bendemann, die Erzählung endet kurz nachdem Georg die Wohnung verlassen hat.

Die Erzählweise in „Das Urteil" ist auktorial, dementsprechend wird die Geschichte von einer allwissenden und außerhalb des Geschehens stehenden Person erzählt. Der Text weist jedoch auch Passagen auf, die einem neutralen Erzählbericht geschrieben sind. Außerdem liegt eine personale Erzählperspektive sowie die erlebte Rede vor.

Die Erzählung lässt sich in drei Episoden gliedern, die durch einen jeweiligen Szenenwechsel gekennzeichnet sind. In der ersten Episode reflektiert Georg in erlebter Rede seine eigene Entwicklung sowie die Beziehung zu seinem Freund in Petersburg. Die zweite Episode beginnt mit dem Wechsel von seinem zu dem Raum des Vaters. Innerhalb dieser Episode kommt es zu einem Rededuell zwischen Vater und Sohn, welches seinen Höhepunkt in der Verurteilung Georgs durch den Vater erreicht. Die dritte Episode, welche durch das Verlassen der Wohnung eingeleitet wird, bildet die Selbstvollstreckung des väterlichen Urteils.

Kennzeichnend für Kafkas Werk ist das Element des Grotesken, das dem Leser auch in der Erzählung „Das Urteil", mit dem Selbstmord Georgs entgegentritt. Das groteske Ende ist ein Hinweis darauf, dass es sich um einen expressionistischen Text handelt. Laut Reiner Stach weist „Das Urteil" bereits die Merkmale eines „kafkaesken Inventars" auf:

> „die übermächtige und zugleich ‚schmutzige' Vaterinstanz (...), die Überlagerung des Alltags durch juristische Strukturen, die Traumlogik der Handlung und nicht zuletzt der den Erwartungen und Hoffnungen des Helden stets entgegengesetzte Sog des Erzählflusses."[18]

---

[18] Stach, S.117.

Der Vater-Sohn-Konflikt ist das vorherrschende Thema der Erzählung. Dieser wird als erbitterter Kampf der verschiedene Entwicklungsphasen durchläuft dargestellt. So hatte der Vater zu Lebzeiten der Mutter sein Geschäft im Griff, während der Sohn Georg sich nicht entfalten konnte (1. Phase). Mit dem Tod der Mutter jedoch ändern sich die Verhältnisse: Der Vater verliert an Kraft und Einfluss, Georg hingegen wird zu einem erfolgreichen Kaufmann, der nun auch heiraten will (2. Phase). In der 3. Phase kommt es dann schließlich zum Wiedererstarken des Vaters und sie endet mit dem Tod Georgs.

Wie bereits dem Titel der Erzählung zu entnehmen, wird in „Das Urteil" ein (außer)gerichtlicher Prozess ausgetragen. Ersichtlich wird der Prozesscharakter der Erzählung ab der zweiten Episode, in welcher der Vater seine Vorwürfe gegen Georg erhebt. Der väterlichen Anklage folgt die Verurteilung des Sohnes, die schließlich in der Selbstvollstreckung des vom Vater verhängten Todesurteils mündet.

3.) Interpretation

3.1.) Der Vater-Sohn-Konflikt

Sowohl der „Brief an den Vater" als auch die Erzählung „Das Urteil" enthalten als zentrales Element die Darstellung eines Vater-Sohn-Konfliktes. Dieser zeichnet sich dadurch aus, dass der Vater einerseits als übermächtiger Gegenspieler aber auch als wichtige Bezugsperson, von welcher der Sohn abhängig zu sein scheint, konzipiert ist. Der Sohn kann sich der Überlegenheit und dem Einfluss des Vaters nicht entziehen. Dementsprechend wird der Vater in dem „Brief" als Riese und Tyrann beschrieben, neben dem der Sohn als Sklave, welcher sich dem Gebot des Vaters zu unterwerfen hat. Erscheint. Diese im Text dargestellte Vatergestalt erinnert jedoch eher an eine mythologische Figur, wie beispielsweise an die Gestalt des griechischen Titanen Kronos, welcher der Legende nach seine eigenen Kinder verzehrte und von seinem Sohn Zeus besiegt wurde,[19] als an den realen Vater Hermann Kafka.[20] Auch in der Erzählung „Das Urteil" zeigt sich dem Leser ein überspitztes Vater-Sohn-Verhältnis, das von einer anfänglichen scheinbaren Harmonie in die Anklage und Verurteilung des Sohnes durch den wiedererstarkten Vater umschlägt. Auch in „Das Urteil" wird die Beziehung zwischen Vater und Sohn als Machtkampf inszeniert, aus welchem der Sohn als der Unterlegende hervorgeht.

---

[19] vgl. Binder, S.129.
[20] Pelster, S.70.

Allerdings steht am Ende der Erzählung die vollständige Auslöschung der Familie Bendemann, so stürzt der Vater nach der Urteilsverkündung aufs Bett was vermuten lässt, dass auch dieser den Tod findet. Festzuhalten ist, dass beide Texte hinsichtlich der Darstellung des Vater-Sohn-Konfliktes autobiografische Spuren aufweisen. Somit kann davon ausgegangen werden, dass die Beziehung zwischen Franz Kafka und seinem Vater Hermann von dem Gefühl der gegenseitigen Entfremdung gekennzeichnet ist. Diese Entfremdung lässt sich als Generationenkonflikt verstehen, bei dem die zumeist eher konservativen Einstellungen der Elterngeneration auf die rebellischen Ansichten der Jugend treffen. Hinzu kommen die unterschiedlichen historischen und sozialen Bedingungen, unter denen Vater und Sohn aufgewachsen sind. Die Darstellung der Entfremdung von Vater und Sohn ist in beiden Texten zentral. Kafka überformt die biografische Situation jedoch bis in das Groteske, wie in der Erzählung „Das Urteil" deutlich erkennbar.

Anzumerken bleibt, dass die literarische Verarbeitung des Themas vielfältig ist und sich ebenso einige Dichter des Expressionismus' der Darstellung des Vater-Sohn-Konfliktes annahmen.[21] Kafka selbst verweist auf einige Autoren, die ihn bei der Verfassung des „Urteils" beeinflusst haben, nämlich Sigmund Freud, Arnold Beer, Jakob Wassermann sowie Franz Werfel.[22] Abschließend lässt sich nach Hartmut Binder festhalten, dass die von Kafka aufgegriffene Thematik des Vater-Sohn-Konfliktes nicht nur in dessen familiären Umfeld, sondern insbesondere auch in Kafkas Zeit verankert ist. Vor allem bei der Beschreibung der Vater-Sohn-Beziehung in der Erzählung „Das Urteil" handelt es sich „um gar nichts Einmaliges ‚Kafkaeskes', sondern um die originelle Ausprägung eines für jene Zeit zentralen Problems"[23].

3.2.) Prozesscharakter

Wie gezeigt wurde, enthalten beide hier untersuchten Texte Verweise auf die Durchführung eines außergerichtlichen Prozesses, wobei diese sowohl auf der inhaltlichen als auch auf der formalen Ebene gefunden zu finden sind. In dem „Brief an den Vater" und dem „Urteil" stehen sich jeweils ein Kläger und ein Angeklagter gegenüber. Hierbei nimmt der Vater die Rolle des Klägers und des Richters ein,

---

[21] Binder, S.134; vgl. Frenzel/Frenzel, S.547.
[22] Kafka zitiert nach Binder, S.126.
[23] Binder, S.134.

welcher den für schuldig befundenen Sohn verurteilt. Während das vom Vater verhängte Todesurteil in „Das Urteil" zur sofortigen Vollstreckung des Beklagten verhängt wird, entspricht die Verurteilung in dem „Brief an den Vater" einem lebenslangen, als Strafe und Last empfundenen Schuldbewusstsein.

Die Texte selber kennzeichnen sich formal durch den Wechsel der Perspektiven sowie die Abfolge von Anklage- und Rechtfertigungsreden. Auf diese Art und Weise wird das Aufeinandertreffen der gegnerischen Parteien im Rahmen eines Gerichtsprozesses literarisch nachempfunden. Dieses Vorgehen Kafkas ist sicherlich auf sein Studium sowie sein berufliches Umfeld zurückzuführen und kann daher auch als autobiografisches Element in beiden Texten verstanden werden. So war Kafka promovierter Jurist, der sich in seinem beruflichen Alltag mit dem Strafrecht und der Strafprozessordnung bestens auskannte.[24]

3.3.) Fazit

Die Analyse der beiden Texte, „Das Urteil" und „Brief an den Vater" zeigt deutlich, dass Kafka autobiografische Erlebnisse, wie unter anderem das schwierige Verhältnis zum Vater sowie die Auseinandersetzung mit gerichtlichen Prozessen, literarisch verarbeitet und damit mit fiktiven Elementen verknüpft. Diese Verknüpfung stellt sich bei beiden Werken jedoch unterschiedlich dar. So kann der „Brief" als primär autobiografisch verstanden werden, denn Kafka lässt neben den genannten Fakten eine Fülle an autobiografischen Inhalten einfließen, wie beispielsweise die Nennung seiner Geschwister und Onkel, die Beschreibung seiner Beziehung zum Judentum sowie die Hinweise auf die Bedeutsamkeit des Schreibens. Dieses autobiografische Material wird in dem „Brief an den Vater" mit literarischen Stilmitteln und Figuren verbunden und kann daher als autobiografischer Essay verstanden werden. Bei der Erzählung „Das Urteil" stellt sich das Verhältnis von Biografie und fiktiven Elementen insofern anders dar, als das der Text grundsätzlich von fiktivem Charakter ist. So enthält „Das Urteil" zwar biografische Elemente, diese sind jedoch bis ins Groteske überzeichnet. Beide Texte sind somit Ausdruck für Kafkas Technik: der Verbindung von eigener Erfahrungs- und Lebenswelt mit literarischen Stilmitteln und vorherrschenden Tendenzen seiner Zeit, wie z.B. dem Expressionismus.

---

[24] Pelster, S.73.

14

4.) Literaturverzeichnis:

Quellen:

KAFKA, Franz: *Brief an den Vater*, Hrsg. und komm. von Michael Müller, Stuttgart 1995.

KAFKA, Franz: *Briefe an Milena*, Erw. und neu geordnete Ausg. von Jürgen Born und Michael Müller, Frankfurt/Main 1983.

KAFKA, Franz: *Das Urteil und andere Prosa*, Hrsg. von Michael Müller, Stuttgart Reclam 1995.

KAFKA, Franz: *Dichter über ihre Dichtungen*, Hrsg. von Erich Heller und Joachim Beug, München 1969

Sekundärliteratur:

Literaturen. Das Journal für Bücher und Themen, Doppelheft: Januar/Februar 2003.

BINDER, Hartmut: *Motiv und Gestaltung bei Franz Kafka*, Bonn 1966.

FRENZEL, Herbert A. & FRENZEL, Elisabeth: *Daten deutscher Dichtung. Chronologischer Abriß der deutschen Literaturgeschichte. Band 2: Vom Realismus bis zur Gegenwart*, München 1953.

LAUSBERG, Heinrich: *Handbuch der literarischen Rhetorik*, München 1960.

MÜLLER, Michael: *Nachwort*, in Franz Kafka, *Brief an den Vater*, Hrsg. und komm. von Michael Müller, Stuttgart 1995, S.103-108.

MÜLLER, Michael: *Zur Entstehung des Textes*, in Franz Kafka, *Brief an den Vater*, Hrsg. und komm. von Michael Müller, Stuttgart 1995, S.63-66.

PELSTER, Theodor: *Lektüreschlüssel. Franz Kafka. Brief an den Vater. Das Urteil*, Stuttgart 2008.

SCHLINGMANN, Carsten: *Literaturwissen. Franz Kafka*, Stuttgart 1995.

STACH, Reiner: *Kafka. Jahre der Entscheidungen*, Frankfurt/Main 2002.